60 maneiras de dizer Mãe

60 maneiras de dizer Mãe

Título original: 60 maneiras de dizer mãe
Copyright 2008, Licença Editorial para a Jardim dos Livros Editora Ltda.
Todos os direitos autorais reservados e protegidos pela Lei 9.610, de 19.02.1998.
É proibida a reprodução total ou parcial sem a expressa anuência da editora.

EDITOR: Claudio Varela / DIRETOR EXECUTIVO: Ado Varela / SELEÇÃO: Claudio Varela
COORDENAÇÃO EDITORIAL: S. Lobo / REVISÃO: Dominique Makins
PROJETO GRÁFICO: Odyr Bernardi / DIAGRAMAÇÃO: Nativu Design / ILUSTRAÇÃO: Carolina Moraes Marchese

DADOS INTERNACIONAIS DE CATALOGAÇÃO NA PUBLICAÇÃO (CIP)
(CÂMARA BRASILEIRA DO LIVRO, SP, BRASIL)

60 maneiras de dizer mãe / Claudio Varela, organização.--
São Paulo : Jardim dos Livros, 2009.

ISBN 978-85-60018-21-5

1. Citações, máximas etc. 2. Mães I. Varela, Claudio .

09-03730 CDD-808.882

Índices para catálogo sistemátic
1. Mães : Citações
808.882
2. M

Nenhuma parte desta publicação poderá ser reproduzida sem a prévia
autorização da editora, por escrito, sob pena de constituir violação
do copyright (Lei 5.988).

JARDIM DOS LIVROS

Administração e Vendas
Rua Pedra Bonita, 870
CEP 30.430-390 – Belo Horizonte– MG
Telefax. (31)3379-0620
Email: leitura@editoraleitura.com.br
www.editoraleitura.com.br

Editorial
Rua Major Quedinho, 111 – 7º andar
CEP 01050-030 – São Paulo – SP
Tel. (11) 3256-4444 – Fax (11) 3257-6373
Email: editorial@jardimdoslivros.com.br
www.jardimdoslivros.com.br

Impresso no Brasil
Belo Horizonte — 1ª edição — maio / 2009

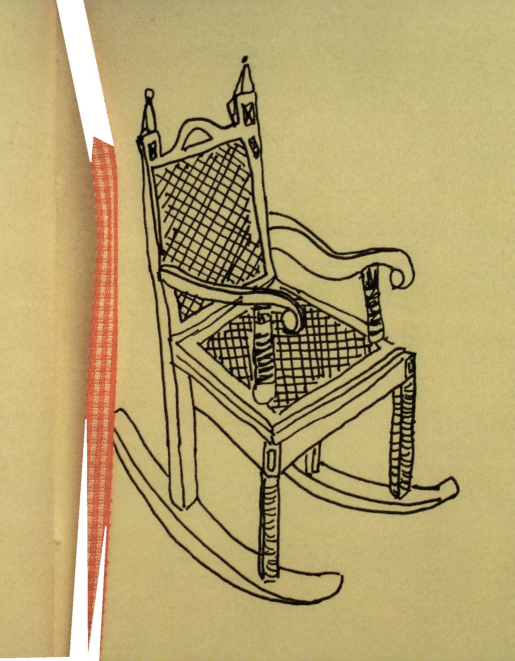

"Mãe é aquela pessoa para quem você corre quando está em apuros."

EMILY DICKINSON

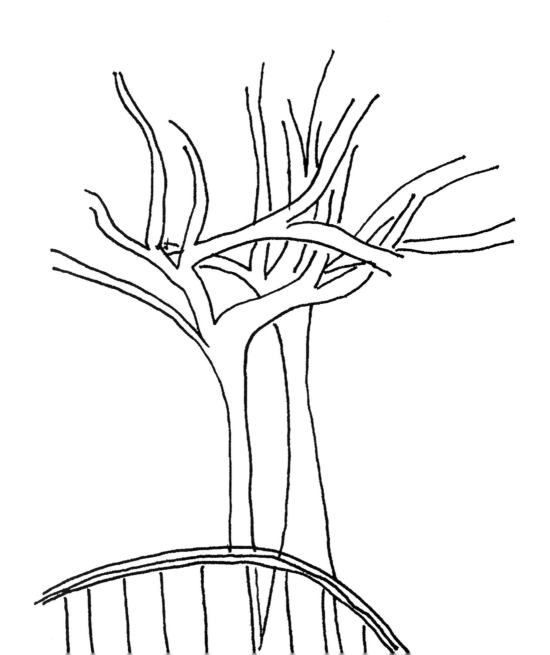

"Amamos as nossas mães quase sem o saber
e só nos damos conta da profundidade
das raízes desse amor
no momento da derradeira separação."

GUY DE MAUPASSANT

"Mãe é aquela pessoa com quem contamos para as coisas que importam acima de tudo."

KATHERINE BUTLER HATHAWAY

"Os braços de uma mãe
são feitos de ternura
e os filhos dormem
profundamente neles."

Victor Hugo

"A mãe compreende até
o que os filhos não dizem."

TEXTOS JUDAICOS

"Uma mãe
nunca deixa seu filho em casa,
mesmo quando ela
não o carrega consigo."

MARGARET CULKIN BANNING

"A melhor escola –
os joelhos de uma mãe."

JAMES RUSSELL LOWELL

"O futuro de um filho
é sempre obra da mãe."

NAPOLEÃO BONAPARTE

"Os homens são o que suas mães fizeram deles."

Ralph Waldo Emerson

*"O laço que une mãe e filho
é de tão pura e imaculada força
para nunca ser violado."*

WASHINGTON IRVING

"O coração de uma mãe
é um abismo profundo
em cujo fundo você
sempre encontra perdão."

HONORÉ DE BALZAC

"Vossos filhos
não são vossos filhos.
São os filhos e as filhas da ânsia
da vida por si mesma."

KHALIL GIBRAN

"Os filhos suavizam as penas,
mas fazem mais amargas
as desgraças."

Francis Bacon

"A melhor maneira de ter bons filhos
é fazê-los felizes."

Oscar Wilde

"De todos os direitos de uma mulher, o maior é ser mãe."

AUTOR DESCONHECIDO

"Deus não pode estar
em todos os lugares
e por isso fez as mães."

DITADO JUDAICO

"O berço em que, adormecendo,
Repousa um recém-nascido,
Sob o cortinado e o véu,
Parece que representa,
Para a mamãe que o acalenta,
Um pedacinho do céu."

OLAVO BILAC

"O amor de mãe cresce em se dar."

CHARLES LAMB

"O coração da mãe
é a sala de aula do filho."

Henry Ward Beecher

"Mães
são filósofos instintivos."

HARRIET BEECHER STOWE

"Tudo o que sou
e que sempre desejei ser,
eu devo a meu anjo Mãe."

ABRAHAM LINCOLN

"Se tiver boas mães,
a França terá bons filhos."

NAPOLEÃO BONAPARTE

"Em princípio, não há nada
que as mães desejem mais
para os filhos do que vê-los casados,
mas nunca aprovam as mulheres
que eles escolhem."

RAYMOND RADIGUET

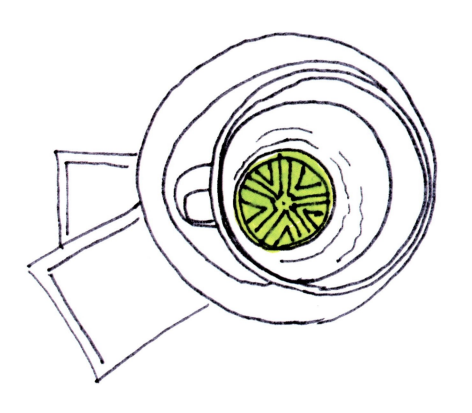

"Nenhum filho pagou
nunca o tributo de reconhecimento
que deve à sua mãe."

Paolo Mantegazza

"Os filhos são para as mães
as âncoras da sua vida."

Sófocles

"Às vezes, as palavras se perdem
na expressão da palavra Mãe.
Nenhum dicionário definirá
a magia do seu significado e,
em todos os idiomas, traduz
o mesmo sentimento: ser mãe. "

AUTOR DESCONHECIDO

"O trabalho de um homem é de sol a sol, mas o trabalho de uma mãe nunca termina."

AUTOR DESCONHECIDO

"Os homens são
o que suas mães fizeram deles."

RALPH WALDO EMERSON

"Cem gramas de mãe
valem um kilo de sacerdócio."

PROVÉRBIO ESPANHOL

"Um pai pode negligenciar seu filho,
irmãos e irmãs podem
se tornar inimigos inveterados;
maridos podem abandonar suas esposas,
e esposas os seus maridos.
Mas o amor de uma mãe resiste a tudo."

WASHINGTON IRVING

"As mulheres são aristocratas, e é sempre a mãe que nos faz sentir que pertencemos à elite."

JOHN LANCASTER SPALDING

"As mães são mais carinhosas
que os pais de seus filhos
porque elas têm mais certeza
de que eles são delas."

ARISTÓTELES

"A verdadeira religião do mundo
vem das mulheres muito mais que dos homens
- das mães acima de tudo, que carregam
a chave de nossas almas em seus seios."

OLIVER WENDELL HOLMES

"As lágrimas das mães recolhem os anjos
Ao céu pertence; que as tornou sagradas
A Virgem, também mãe, aos pés vertendo-se
De Deus homem na Gólgota expirando."

JOAQUIM MANUEL DE MACEDO

"A maior alegria
e o maior orgulho de uma mãe
é ser admirada pelos seus filhos."

AUTOR DESCONHECIDO

"Mães,
sois vós que tendes nas mãos
a salvação do mundo."

Leon Tolstoi

"Não podemos temer nunca
quando temos uma mãe
poderosa e amorosa que vela por nós."

DANIEL COMBONI

"Nenhuma influência
é tão poderosa
quanto aquela de mãe."

Sarah Josepha Hale

Mãe,
o céu sem confins
revela-me teu amor...

AUTOR DESCONHECIDO

"Eu me lembro das preces da minha mãe
e elas têm sempre me acompanhado.
Elas se uniram a mim
durante toda a minha vida."

ABRAHAM LINCOLN

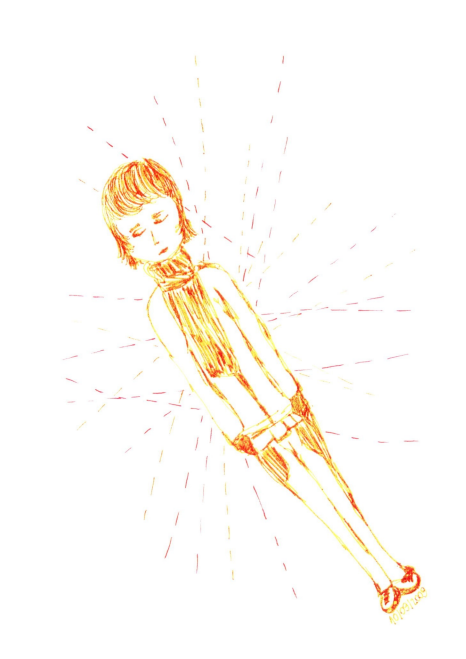

"Mãe - este é o banco
onde depositamos todos nossos
ferimentos e preocupações."

THOMAS DE WITT TALMAGE

"A abdicação de uma mãe
é ato assombroso ou sublime."

HONORÉ DE BALZAC

"Oh! Amor de mãe! Amor que ninguém esquece!
Pão maravilhoso que um Deus divide e multiplica!
Mesa sempre servida no lar paterno!
Cada um tem a sua parte
e todos a têm inteira."

VICTOR HUGO

"Somente uma mãe
sabe o que quer dizer
amar e ser feliz!"

Adelbert Von Chamisso

"Pensamento de mãe
é como o incenso –
Que os anjos do Senhor
beijam passando."

ÁLVARES DE AZEVEDO

"É mais fácil passarmos aos filhos
as nossas paixões
que os nossos conhecimentos."

CHARLES DE MONTESQUIEU

*"Deixe seu filho caminhar
por onde sua estrela o chamar."*

MIGUEL DE CERVANTES

"Se eu ganhasse uma flor
por cada vez que pensei
em minha mãe, eu andaria
no meu jardim eternamente."

AUTOR DESCONHECIDO

"Uma boa mãe
vale por cem professores."

GEORGE HERBERT

"Mãe é o nome de Deus
nos lábios e corações
das crianças pequenas."

WILLIAM MAKEPEACE THACKERAY

"A ternura de uma mãe
não tem desdém nem compaixão."

HONORÉ DE BALZAC

" Você sempre será uma criança
enquanto tiver uma mãe
a quem recorrer."

SARA JEWETT

"A criança é o amor feito visível."

FRIEDRICH NOVALIS

"Em geral, as mães,
mais que amar os filhos,
amam-se nos filhos."

FRIEDRICH NIETZSCHE

"Somente as mães
podem pensar no futuro,
porque elas o fazem nascer
nos seus filhos."

Maxim Gorky

"Eu dei muito trabalho
pra minha mãe,
mas acho que ela gostou disso."

MARK TWAIN

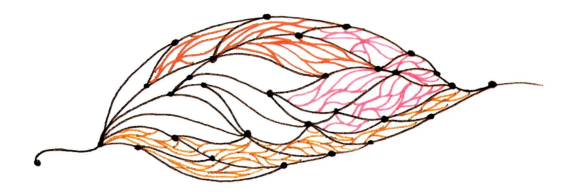

"A medida do amor
é amar sem medida."

VICTOR HUGO

"Deve-se doar com a alma livre, simples, apenas por amor, espontaneamente!"

MARTINHO LUTERO

"Duvida da luz dos astros,
De que o sol tenha calor,
Duvida até da verdade,
Mas confia em meu amor."

WILLIAM SHAKESPEARE

"Não devemos moldar os filhos
de acordo com os nossos sentimentos;
devemos tê-los e amá-los do modo como
nos foram dados por Deus."

JOHANN GOETHE